Date: _______________

Created especially for you

Date: ___________________________

Everyone needs
'A Little Black Book'.
A place to write 'secret
things' and to write 'stuff'
that you think about and
want to remember - and
not want to remember.
'A Little Black Book' is that
prized and treasured
notebook
that you keep close to your
heart.
The 'Little Black Book' that
takes you on journeys of
memories - and prepares
you for the next one.
Everything you need will be
in here.

Created especially for you.....

Date: _______________________

Created especially for you

Date: _______________

Date: _______________________

Created especially for you

Date: _______________________

Date: ______________________________

Created especially for you

Date: _______________________________

____

____

____

____

____

____

____

____

____

____

____

____

____

____

____

____

____

Created especially for you

Date: _______________

Date: ______________________

Created especially for you

Date: _______________________________

Created especially for you

Date: ______________________________

Created especially for you

Date:

Created especially for you

Date: ____________________________

Date: _______________________

Date: ______________________________

Date: _______________________________________

Created especially for you

Date: _______________________

Date: ______________________________

Date: ____________________

Created especially for you

Date: ___________________________

Created especially for you

Date: ___________________

Created especially for you

Date: _______________________

Date: ______________________

Created especially for you

Date: _______________________________

Date: _______________

Created especially for you

Date: _______________________

Date: _______________________

Date: _______________

Created especially for you

Date: ___________________________

Date: ____

____

____

____

____

____

____

____

____

____

____

____

____

____

____

____

____

Created especially for you

Date: ______________________________

Created especially for you

Date: ___________________________

Created especially for you

Date: ______________________________

Date: ___________________

Created especially for you

Date: _______________________________

Created especially for you

Date: ______________________

Created especially for you

Date: ___________________________

Created especially for you

Date: ________________________________

Date:

Created especially for you

Date: ___________________________

Created especially for you

Date: _______________

Created especially for you

Date: ____________________

Created especially for you

Date:

Date: ______________________________

Created especially for you

Date: ______________________________

Created especially for you

Date: ____________________

Created especially for you

Date: _______________________________________

Date: ______________________

Created especially for you

Date: ______________________________________

Created especially for you

Date: _______________________

Created especially for you

Date: ______________________________

Date:

Created especially for you

Date: ______________________________

Date: _______________

Created especially for you

Date:

Date: ______________________________

Date: _______________

Date: _______________

Created especially for you

Date: _______________________________

Date: ______________________________

Created especially for you

Date: _______________________

Date:

Date:

Created especially for you

Date: ______________________

Date: _______________________

Created especially for you

Date: _______________________

Created especially for you

Date: ______________________

Date: ___________________________

Date: _______________________

Date: _______________________

Created especially for you

Date: _______________________________

Date:

Created especially for you

Date: ______________________________

Created especially for you

Date: _______________________________

____

____

____

____

____

____

____

____

____

____

____

____

____

____

____

____

Created especially for you

Date: ___________________________

____

____

____

____

____

____

____

____

____

____

____

____

____

____

____

____

____

Created especially for you

Date: ______________________________

Date: _______________

Created especially for you

Date: ______________________________

Date:

Created especially for you

Date: _______________

Date: _______________________

Created especially for you

Date: _______________________________

Date: _______________________

Date: _______________________________

Date: ______________________

Created especially for you

Date: _______________

Date: ______________________________

Date:

Date: ______________________________

Created especially for you

Date: ____

Created especially for you

Date: ______________________________

Created especially for you

Date: _______________________________

Date: _______________________________

Created especially for you

Date: ___________________________

Date: ______________________________

Created especially for you

Date:

Created especially for you

Date: _______________________

Created especially for you

Date: _______________________________

Date: ______________________________

____

Created especially for you

Date: _______________________

Created especially for you

Date: ______________________________

____

____

____

____

____

____

____

____

____

____

____

____

____

____

____

Created especially for you

Date: _______________________________

Date: _______________________

Created especially for you

Date:

Date: ________________________

Date: _______________________________

Created especially for you

Date: ______________________

Created especially for you

Date: ___________________________

Created especially for you

Date: ______________________________

____
____
____
____
____
____
____
____
____
____
____
____
____
____
____
____
____
____

Date: _______________________________________

Date: ___________________________

Date: ______________________________

Date: _______________________

Created especially for you

Date: _______________________________________

Created especially for you

Date: ______________________________

Created especially for you

Date: ______________________________

Created especially for you

Date: ___________________________

Date: ______________________

Date:

Date: _______________

Date: ___________________________

____
____
____
____
____
____
____
____
____
____
____
____
____
____
____
____
____

Date: ______________________________

Created especially for you

Date: ______________________________

Created especially for you

Date: ____________________

Created especially for you

Date:

Created especially for you

Date: _______________________________

Created especially for you

Date: _______________________________

Date: _______________________________

Created especially for you

Date: ____________________________

Date: ________________________________

Created especially for you

Date: _______________________________

Date: _______________________

Date: _______________________________

Created especially for you

Date: ___________________________

Created especially for you

Date: _______________________________

Date: _______________________

Created especially for you

Date: ____________________________

Date: ______________________________

____

Created especially for you

Date: _______________________

Date: ______________________

Date: ______________________________________

Created especially for you

Date: _______________________

Created especially for you

Date: ___________________________

Date: ______________________

Date: _______________________

Date: ______________________________

Created especially for you

Date: ___________________

Date: _______________________

Date: _______________________

Created especially for you

Date: _______________________

Date:

Created especially for you

Date: ________________________

Date: _______________________

Created especially for you

Date: ______________________

Date: ______________________________________

Date: ______________________

Created especially for you

Date: ______________________________________

Created especially for you

Date: _______________________

Created especially for you

Date: _______________________________

____

Created especially for you

Date: _______________________________

____

Created especially for you

Date: _______________

Date: _______________________________

Created especially for you

Date: ________________________________

Created especially for you

Date: _______________________

Created especially for you

Date: ____

____

____

____

____

____

____

____

____

____

____

____

____

____

____

____

____

Created especially for you

Date: ____________________

Created especially for you

Date: _______________

Date: ___________________

Date: _______________________________

Date: _______________________

Date:

Date: _______________________

Created especially for you

Date: _______________________________

Date: ___________________________

Created especially for you

Date:

Date: _______________________

Created especially for you

Date: ______________________________

Date: _______________________

Created especially for you

Date: ____

Created especially for you

Date: ______________________

Date: _______________

Created especially for you

Date: _______________________

Created especially for you

Date: ______________________________

Created especially for you

Date: ______________________________

Created especially for you

Date: _______________________

Date: _______________________

Created especially for you

Date: ______________________

Date: ________________________________

Created especially for you